# YOUTUBE

## DAVID TAVÍO
## DANIEL REGIDOR

www.youtube.guiaburros.es

**EDITATUM**

Si después de leer este libro, lo ha considerado útil e interesante, le agradeceríamos que hiciera sobre él una **reseña honesta en Amazon** y nos enviara un e-mail a **opiniones@guia-burros.com** para poder, desde la editorial, enviarle **como regalo otro libro de nuestra colección.**

# Agradecimientos

**DAVID TAVÍO**

A mi familia y en especial a Cris, por su paciencia, cariño y seguir compartiendo momentos y viajes juntos.

A mis compañeros de trabajo: Josete, Adrián, Fernando, Elena, Carla y Rafa, por hacer tan agradable el tiempo que pasamos juntos a diario.

**DANIEL REGIDOR**

A Blas y Checo, dos *youtubers* de alto nivel.

# Sobre los autores

 **David Tavío** nació en Madrid en 1991 y reside en Aranjuez. Es técnico superior de Administración de Sistemas Informáticos en Red y técnico en Equipos Eléctronicos de Consumo. En la actualidad trabaja en el sector del desarrollo web, diseño y marketing.
En su tiempo libre le gusta viajar, la fotografía y el mundo del automovilismo y la aviación.

 **Daniel Regidor** nació en Madrid en 1991. Lleva subiendo vídeos a YouTube desde 2007. Es autor de *GuíaBurros: Crear una página web en WordPress* y *GuíaBurros: Crear una tienda online en WordPress*, ambos de la editorial Editatum.

# Índice

Introducción ................................................ 11

¿Qué necesito? ................................................ 13

Herramientas ................................................ 29

Creación de tu canal de YouTube ................................................ 35

Sube tus vídeos posicionándote en lo más alto ..... 41

Gestiona tu canal con *Creator Studio* ................................................ 51

Emitir en directo ................................................ 85

¿Cuánto se gana con YouTube? ................................................ 97

Consejos para generar beneficios ................................................ 99

Ideas para crear contenido ................................................ 111

Premios para creadores ................................................ 117

# Introducción

YouTube fue creado en febrero de 2005 por Steve Chen, Chad Hurley y Jawed Karim (tres antiguos empleados de PayPal) y adquirido por **Google** en octubre de 2006 por 1650 millones de dólares. Es a día de hoy la segunda página web más visitada de Internet (después de Google).

Debido a su gran popularidad, se ha convertido en una de las mejores formas para que cualquier persona pueda conseguir fama y dinero por Internet de forma legal, gracias a su simplicidad y a su modelo de negocio basado en la publicidad.

En esta guía, vamos a abordar todos los principales elementos para convertirnos en un *youtuber* de calidad y conseguir exprimir al máximo cada vídeo que subamos, obteniendo el mayor número posible de visualizaciones, ingresos, *likes* y suscriptores.

# ¿Qué necesito?

Lo más interesante de YouTube es que prácticamente cualquier persona puede formar parte de él sin necesidad de realizar ninguna gran inversión ni tener conocimientos de vídeo.

## Cámara

La principal herramienta que necesitaremos será nuestra cámara, pero... ¿cuál elegir?

### Cámara de teléfono móvil

Es la cámara más accesible para la mayoría de la población debido a su gran popularidad. Hace unos años habríamos desaconsejado por completo esta opción, pero la calidad de las cámaras que incluyen los móviles actuales las convierten en muy buena opción para iniciarse.

# ¿Qué debemos tener en cuenta a la hora de grabar con el móvil?

1. **Posición del teléfono:** La posición del teléfono debe ser siempre horizontal. En los últimos años se está popularizando en algunos ámbitos la posición vertical, pero para nuestro caso no es correcta y YouTube nos penalizará por ello dando menos visibilidad a nuestro vídeo.

2. **Estabilización de la imagen:** Es uno de los puntos que más influyen en la calidad de un vídeo y donde más pecan los teléfonos móviles. Si vamos a comprar un teléfono nuevo, sería muy recomendable que nos fijásemos en que tenga un buen estabilizador óptico de imagen. Sea como sea, siempre que podamos, deberíamos intentar realizar nuestras grabaciones utilizando un trípode.

3. **Resolución:** Debemos procurar siempre que nuestros vídeos tengan una resolución mínima de 1280×720 debido a que YouTube da 0menos visibilidad a los vídeos con baja definición. Actualmente cualquier teléfono móvil debería ser capaz de grabar en esta resolución sin problema.

## Cámaras compactas o *bridge*

Este tipo de cámaras, muy extendidas a principios del siglo XXI, empiezan a caer en desuso debido a la calidad de la cámara de los móviles actuales. Los elementos en los que debemos fijarnos a la hora de utilizar este tipo de cámaras a la hora de grabar vídeo, son los mismos que en los móviles, pero además, debemos fijarnos bien en que su modo de grabación de vídeo esté bien optimizado, ya que, en muchos casos, este modo es solo un pequeño extra para uso ocasional con el que podemos encontrarnos restricciones de tiempo, no obtener la suficiente calidad u obtener vídeos demasiado pesados en relación a su duración.

## Cámaras réflex

Seguramente sea a día de hoy la mejor opción para grabar vídeos con una alta calidad a un precio relativamente bajo.

La principal ventaja que ofrecen este tipo de cámaras es el tamaño de su sensor, prácticamente igual que el de *Super 35* usado en las cámaras de vídeo profesionales, esto nos ofrecerá más calidad de color, mayor control sobre la profundidad de campo y buen funcionamiento con poca luz.

Por supuesto, igual que con las cámaras anteriores, debemos fijarnos en que al menos podamos grabar en una resolución 1280×720, que tenga estabilización óptica de imagen y que el modo vídeo no ofrezca limitaciones de tiempo, pero, además, en este tipo de cámaras podemos ponernos algo más exquisitos, pudiendo fijarnos en:

- **Conexión de micrófono externo**: Es muy importante que nuestra cámara tenga una conexión para un micrófono externo. Puede ser que en un principio consideremos que no nos hace falta, pero no debemos olvidar que este tipo de cámaras están más enfocadas a la fotografía, y el micrófono integrado muchas veces puede no ser todo lo bueno que nos gustaría. Además, este tipo de conexión nos permitirá enchufarle cualquier tipo de micrófono, y en muchas ocasiones nos interesará contar con uno de corbata.

- **Objetivo especializado**: Existen objetivos para réflex pensados exclusivamente para grabación de vídeo. Con ellos, prácticamente no se apreciará nada de ruido y nos darán una gran profundidad de campo. Estos objetivos suelen ser más caros que los de fotografía, pero si solo vamos a utilizar la cámara para grabación de vídeo, son muy buena opción.

- **Pantalla articulada:** Puede parecer un elemento de poca importancia, y realmente no es algo determinante, pero habrá muchas ocasiones en las que agradeceremos que la pantalla no esté fija en la cámara.

- **Buen sistema de autoenfoque:** Pocas cosas nos darán tanta rabia como grabar unas buenas imágenes y luego darnos cuenta de que el autoenfoque del objetivo no estaba trabajando como nos habría gustado. Es muy recomendable que, antes de comprar una cámara, tratemos de analizar si su sistema de autoenfoque es bueno. Una buena opción para hacerlo es buscar vídeos en YouTube grabados con este mismo modelo de cámara y fijarnos en que todo funcione correctamente.

# Cámaras de vídeo semi-profesionales y profesionales

Es el tipo de cámara más avanzado que podemos encontrar. Los elementos en los que debemos fijarnos son prácticamente los mismos que los de una cámara réflex (Resolución, estabilización, conexión de micrófono externo, etc.)

# Cámaras de acción

Este tipo de cámara, popularizado por GoPro, se está extendiendo cada vez más gracias a su amplia polivalencia, permitiéndonos colocarla prácticamente en cualquier lugar por su pequeño tamaño, variedad de soportes y su gran angular.

A la hora de comprar este tipo de cámaras, es muy recomendable buscar vídeos de usuarios reales grabados con la cámara, ya que en muchas ocasiones nos encontramos cámaras que teóricamente graban en altas resoluciones (1080p o 4K) a 60 o 120fps pero luego la realidad dista mucho de las características indicadas.

# Cámaras 360º

Estas cámaras permiten, como su propio nombre indica, grabar 360º entorno a ellas, haciendo que cuando el usuario visualiza sus vídeos en YouTube, pueda "girar la cámara" generando un entorno estilo realidad virtual.

A la hora de comprar una cámara 360º, la trataremos como una cámara de acción, pero además nos fijaremos en:

**a. Su ergonomía:** Debemos fijarnos en que su sujeción sea apta para el tipo de vídeos que vamos a generar.

**b. Distancia entre lentes:** Cuando la cámara funcione mediante dos lentes (caso más habitual), es interesante fijarse en que la distancia entre lentes sea lo más pequeña posible. Esto es debido a que la cámara une la imagen de ambas cámaras y, cuanta más distancia haya, más se notará esta unión.

c. **Ejes de grabación:** Aunque por lo general estas cámaras graban 360° tanto en eje horizontal como vertical, existen cámaras de bajo coste que lo hacen únicamente en eje horizontal, algo que para ciertos usuarios puede ser interesante pero que, por norma general, será una característica negativa.

d. **Gestión posterior de las imágenes:** Si dudamos entre varias cámaras, es interesante analizar la facilidad de gestión de los vídeos mediante el software oficial de la cámara ya que, editar un vídeo 360° no es tan fácil como editar un vídeo normal, y agradeceremos que nos simplifiquen esta tarea.

# Accesorios

Aunque no son imprescindibles, existen algunos accesorios interesantes que nos ayudarán a que nuestro contenido sea de calidad:

## Trípode

Es la principal herramienta que deberíamos usar si nuestros vídeos son grabados con una cámara en posición fija o si queremos hacer barridos a un objeto móvil (por ejemplo, si grabamos un coche pasando por una recta).

# Estabilizador

Es una herramienta muy interesante que **mejorará** y suavizará los movimientos de todos aquellos vídeos que realicemos con la cámara en movimiento.

Existe una gran variedad de modelos y sistemas de funcionamiento. Los más económicos funcionan únicamente mediante sistemas de contrapesos mientras que los más avanzados utilizan sistemas electrónicos basados en acelerómetros.

## Micrófono externo

Nunca deberíamos descuidar el audio de nuestros vídeos. Como ya indicamos a la hora de elegir cámara, es muy recomendable que esta tenga conector para micrófono externo ya que en muchos casos, el micrófono integrado de la cámara no tiene toda la calidad que nos gustaría y, además, un micrófono externo puede adaptarse exáctamente a las necesidades de nuestros vídeos, por ejemplo, si somos *videoblogers* en primera persona, segúramente nos interese utilizar un micrófono de corbata como el de la imagen.

# Iluminación

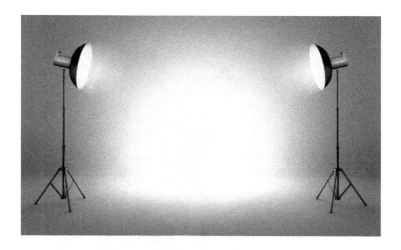

Una buena iluminación mejorará mucho la calidad de nuestros vídeos.

Mantener una iluminación perfecta será complicado si realizamos vídeos en movimiento ya que requeriría de terceras personas que se encargasen de gestionar reflectores y focos. Pero en vídeos estáticos esta tarea se simplifica ya que el principal objetivo (mantener una iluminación homogénea), podremos conseguirlo con un mínimo de dos focos (si utilizásemos cuatro, cubriendo eje vertical y horizontal por ambos lados sería ideal).

## Soportes para cámaras de acción

Al utilizar una cámara de acción generalmente queremos obtener una vista espectacular de la acción que se esté grabando, para ello tendremos que seleccionar correctamente el soporte que mejor se adapte a la práctica realizada.

Por norma general, las imágenes más espectaculares son las grabadas desde nuestro propio cuerpo y, a ser posible, lo más cerca posible de nuestros ojos, así el espectador vivirá de forma más fiel la experiencia que le estamos ofreciendo.

En ciclismo lo más interesante suele ser utilizar un arnés anclado al pecho, ya que así conseguiremos un ángulo en el que se verá tanto el manillar como el horizonte. Si colocamos la cámara en el casco, lo más habitual es que, si queremos grabar el horizonte, no se vea el manillar, perdiendo sensaciones.

En karts/automovilismo la visión más espectacular suele ser la que más se asemeje a la visión del conductor, pero una cámara fija en el vehículo suele ser interesante siempre y cuando intentemos que en la imagen se vea alguna parte del vehículo como referencia.

**◉ ¡OJO!**

A la hora de colocar la cámara debemos tener en cuenta nuestra seguridad y la normativa aplicable.

# Herramientas

Entendemos como herramientas a todo aquel *software* o *hardware* que nos permitirá editar vídeos o trabajar sobre ellos (más allá de las cámaras y accesorios).

Este tipo de herramientas no son imprescindibles, pero, por norma general, nos ayudarán a crear un contenido mucho más atractivo, lo que nos permitirá conseguir más *likes*, visualizaciones y suscriptores.

## Software de edición de vídeo

Son los programas que nos permiten editar nuestros vídeos para realizar cortes, montajes audio-vídeo, incluir efectos especiales, etc.

A continuación enumeramos algunos de los ejemplos más representantivos

### Windows Movie Maker (gratuito)

Puede parecer una broma o hacerte creer que esta guía está anticuada, pero nada más lejos de la realidad. Es cierto que este programa es antiguo, simple y ya no está disponible de forma oficial, pero a día de hoy es una gran alternativa gracias a su enorme simpleza que permitirá a cualquier persona realizar su montaje de forma rápida y sencilla. Para muchos creadores, es más que suficiente.

## Shotcut (gratuito)

Su funcionamiento es muy similar al de *Windows Movie Maker* y se convierte en una de las mejores alternativas actuales. Es totalmente gratuito y está disponible para Windows, Linux y MacOS.

## Lightworks (gratuito)

 Programa mucho más avanzado que los anteriores y gratuito para uso personal. En cuanto te familiarices con él, podrás hacer cosas increibles.

## Adobe Premier Pro

Uno de los programas de edición de vídeo por excelencia. No podemos decir que sea barato, aunque todo depende de la utilidad que le vayas a dar y si piensas que le vas a sacar rentabilidad.

Sea como sea, este programa es muy superior a los anteriores y puedes probarlo
durante 30 días sin ningún coste.

## Vegas Pro

Vegas Pro

Su nivel de profesionalidad es similar al
de Adobe Premier. Puesto que es posible
probar ambos sin ningún coste durante
30 días, te recomendamos que lo hagas y
decidas cual es el que mejor se adapta a
tus necesidades.

## Vegas Movie Studio

Alternativa a Vegas Pro más fácil de usar. Al igual que
los anteriores, se puede probar gratuitamente durante 30
días a través de su web oficial, por tanto, podrás com-
parar de antemano para decidir cual es el que mejor se
adapta a lo que estás buscando.

## Adobe After Effects

Podríamos decir que este programa es complementario a los anteriores ya que está enfocado a la creación de efectos, animaciones, gráficos animados, etc.

Gracias a él podremos hacer que una metralleta pegue tiros por todas partes, que una tormenta inunde nuestro pueblo o símplemente que nuestros vídeos tengan una bonita entradilla.

# Capturadoras de vídeo

Si nuestros vídeos van a requerir la grabación de una señal de vídeo (ordenador, videoconsola, televisión, etc), necesitaremos obligatoriamente disponer de un elemento capturador de vídeo. Por ejemplo, lo utilizaremos si nos dedicamos a grabar *gameplays* o videotutoriales explicando cómo funciona un determinado programa.

Existen dos tipos de capturadora:

## Capturadora hardware

Es la más recomendable en cualquier caso, con ella todo son ventajas (excepto el precio, aunque a día de hoy se encuentran algunas bastante económicas). Este tipo de dispositivos capturan directamente la imagen desde la salida de vídeo de nuestro equipo (ordenador, videoconsola, etc.) antes de su llegada al monitor. De esta forma, no se produce ningún consumo de recursos, algo que nos repercutiría negativamente tanto en la experiencia de uso como en la calidad de los vídeos.

## Capturadora software

Su principal problema es su consumo de recursos. Existen algunos softwares de captura de vídeo bastante bien optimizados, pero nunca llegarán al nivel de una capturadora hardware.

Su principal ventaja es su bajo coste. En muchas ocasiones incluso podremos conseguirlos de forma gratuita, por ejemplo, Nvidia nos ofrece con sus gráficas el programa *Geforce Experience* que incluye, entre otros elementos, una capturadora de vídeo software bastante correcta.

Una de las herramientas más usadas actualmente para capturar vídeo es **OBS Studio**. Es gratuita y permite además de capturar la pantalla, retransmitir en directo. Hablaremos largo y tendido de ella más adelante.

# Creación de tu canal de YouTube

1. Entramos a www.youtube.com y hacemos clic en nuestra foto de perfil, en el menú que se nos despliega, elegimos *Mi canal*.

2. Nos dará a elegir continuar la creación con nuestro nombre y apellidos o bien podemos usar un nombre de empresa o similar, en ese caso hacemos clic en *Utilizar un nombre de empresa u otro nombre*.

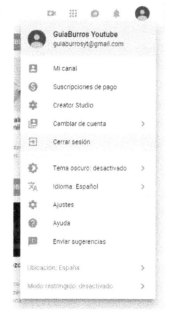

# Apariencia

Ya tendremos creado nuestro canal y será el momento de personalizarlo. Hacemos clic en el botón *Personalizar canal*.

Para empezar, te aconsejo cambiar la foto de perfil y la cabecera del canal. Para la primera, si utilizaste la opción de usar nombre de empresa o similar, te redirigirá a Google+ donde te dará la opción de subir una imagen nueva.

En cuanto a la cabecera del canal, YouTube nos recomienda un tamaño de **2560 x 1440 píxeles**. Si nos queremos asegurar de que la imagen principal o la información más esencial no se corte independientemente del dispositivo que utilicemos, deberemos situarlo en la denominada "área de seguridad" como podemos apreciar en la imagen.

YouTube nos da la posibilidad de descargarnos una plantilla en el siguiente enlace:

🡕 https://storage.googleapis.com/support-kms-prod/723 CF6954B9CC9B50AD58BCC2F5F14825FF4

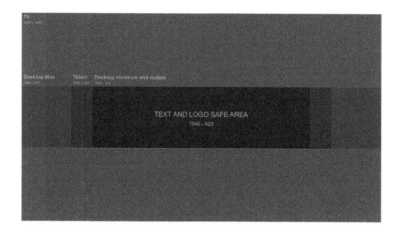

También podemos añadir a nuestra portada contenido como vídeos destacados, listas de reproducción, canales, etc., así como elegir el diseño: fila horizontal o lista vertical.

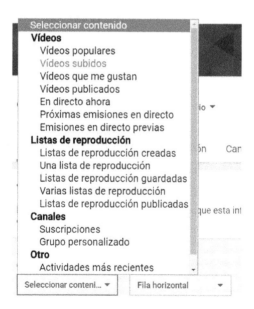

Secciones en portada

En la parte derecha podremos añadir canales que queramos destacar, bien de amigos, familiares, etc.

## Configuración del canal

Veamos ahora como configurar de forma óptima nuestro canal, para ello, haremos clic en el engranaje situado al lado del contador de suscriptores.

Aparecerá la siguiente ventana con una primera parte de privacidad que nos permite mantener nuestros vídeos favoritos, suscripciones y listas de reproducción en privado. Por defecto viene activado.

La siguiente opción nos permitirá añadir un tráiler de canal y organizar nuestros vídeos en *playlists* en la portada de nuestro canal como ya hemos comentado anteriormente.

A continuación, una tercera parte la cual nos permite mostrar una pestaña de comentarios en nuestro canal y si queremos revisarlos antes de ser publicados.

Por último, nos dan la posibilidad de traducir la información como puede ser el título y la descripción de nuestro canal a otros idiomas para llegar a más espectadores.

Para ello debemos pulsar en *traduciendo la información del canal*. Nos mandará a la portada de nuestro canal, una vez allí, haremos clic en el botón *Personalizar canal* y ya podremos traducir partes principales de nuestro canal.

# Sube tus vídeos posicionándote en lo más alto

Ha llegado el momento de la verdad. El siguiente paso es el más importante, subir nuestro vídeo a la red y optimizarlo para que lo vea la mayor cantidad de público.

Haremos clic en el botón que se encuentra en la parte superior derecha *Subir vídeo.*

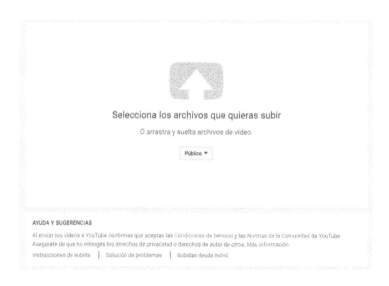

Seleccionamos el archivo de vídeo y automáticamente empezará a subirse.

El proceso de subida tardará un poco, no desesperes, dependerá del tamaño del vídeo y de tu conexión a Internet. Mientras tanto, YouTube nos permite rellenar los campos con información acerca del vídeo.

**Esta información es de vital importancia** de cara al posicionamiento SEO del vídeo, y en definitiva, a que nuestro trabajo tenga sus frutos.

El SEO es uno de los aspectos más importantes para la popularidad de nuestros vídeos. Resultará desmotivador que trabajemos y pongamos todo nuestro esfuerzo en algo que nadie va a ver. Al igual que ocurre en Google, con un buen posicionamiento conseguiremos aparecer en las primeras posiciones de búsqueda, en YouTube ocurre lo mismo, lo que nos proporcionará una gran fuente de visitas.

**¡OJO!**

YouTube pertenece a Google, por lo que este tiene muy en cuenta el contenido multimedia a la hora de posicionarlo.

Para ello, vamos a explicar algunos de los aspectos más importantes que influyen a la hora de posicionar nuestro vídeo.

## Información básica

### Título y descripción

El título es una de las partes más influyentes en el SEO, deberemos describir nuestro vídeo brevemente incluyendo la palabra o palabras clave de una forma natural, a ser posible, al inicio del título y no exceder los 65 caracteres.

 **IMPORTANTE**

*Siempre es recomendable hacer un estudio de las palabras clave que utiliza la competencia, para ello existen herramientas como Google Keyword Planner.*

En caso de que la competencia de la palabra clave sea muy alta, es decir, que existan muchos vídeos de la temática en concreto, es aconsejable usar **Long Tail Keywords,** esto significa añadir a tu palabra clave utilizada otra con menos competencia para posicionar mejor.

La **descripción** debe ser breve y clara para que YouTube interprete la temática del vídeo y nos ayude a clasificarlo correctamente.

## Contenido

Es importante crear contenido de calidad, que resulte atractivo tanto para el público general como al que vamos dirigidos.

**La duración óptima para el buen posicionamiento del vídeo será de entre cinco y diez minutos.** No obstante, es algo orientativo, de nada servirá alargarlo si el contenido es aburrido o poco atractivo. Así también, los vídeos extremadamente cortos no serán bien indexados.

## Etiquetas

Incluye etiquetas que representen tu vídeo y algunas relacionadas. YouTube se basará en dichas palabras para mostrar tu vídeo como sugerencia cuando se estén visionando otros del mismo tema.

> 💡 CONSEJO
>
> No incluyas más de diez etiquetas

## Miniatura

Elige una miniatura pensando que es la primera imagen que se verá antes de entrar a tu vídeo. YouTube nos proporciona tres *frames* del vídeo, pero puedes añadir una imagen personalizada.

*i* La resolución de la miniatura personalizada debe ser de 1280x720 píxeles y un tamaño máximo de 2 MB.

Debe ser algo atractivo, que incite a hacer clic. Este fenómeno llevado al extremo, también utilizado en títulos, se denomina *clickbait,* que traducido literalmente es **ciberanzuelo o cibercebo**. Como su nombre indica, es una manera de llamar la atención del visitante mostrando algo diferente o distorsionado de lo que luego va a encontrar al entrar al vídeo.

Todo en su justa medida es bueno, pero si nos excedemos, nuestro público nos penalizará dándole un *no me gusta* al vídeo, cancelando la suscripción a nuestro canal, o incluso, en casos extremos, denunciando el vídeo.

# Tipo de vídeo.

— **Público**: Será visible para todo el mundo.

— **Oculto**: Solo lo podrán ver las personas que tengan el enlace y no será indexado en YouTube.

— **Privado**: Será visible solo para ti.

## *Playlist*

Añadir el vídeo a una *playlist* ya creada o crearla en el momento, además de aportar organización al canal, son indexadas al igual que nuestros vídeos y pueden aportarnos gran cantidad de visitas.

## Traducciones

En esta pestaña podremos añadir una traducción, a los idiomas que queramos, del título y descripción del vídeo.

# Monetización

Aquí podremos elegir el tipo de anuncios que aparecerán en nuestros vídeos.

 ¡OJO!
Desde 2018, solo pueden monetizar contenidos los usuarios con al menos mil suscriptores y cuatro mil horas de visualización durante el último año.

# Configuración avanzada

En este apartado encontraremos las siguientes opciones:

— **Permitir o no comentarios:** cuáles mostrar y en qué orden.

— **Licencia y propiedad de los derechos:**
  • Licencia de YouTube estándar.
  • Creative Commons – Atribución.

— **Distribución**: Elegiremos si difundir el vídeo en todas las plataformas o solo en las de obtención de ingresos.

— **Motivo de la ausencia de subtítulos:**

— **Opciones de distribución:**

- **Permitir inserción:** Activando esta opción tu vídeo podrá ser insertado en foros, blogs, etc.
- **Publicar en el *feed* Suscripciones y notificar a los suscriptores.**

— **Restricción de edad:** Con esto podrás impedir que los menores de edad vean tu vídeo.

— **Categoría.** Elige la mejor se adapte a tu contenido, en caso elegir "Juegos", nos permitirá introducir el nombre del videojuego. Esto es bastante recomendable para el posicionamiento del vídeo.

— **Idioma del vídeo.**

— **Contribuciones a la comunidad:** Con esta opción permites que los usuarios aporten la traducción del título, descripciones y subtítulos a tu vídeo.

— **Fecha de grabación.**

— **Estadísticas de vídeo**

— **Vídeo 3D**

— **Declaración sobre el contenido**

Una vez hemos completado todos los datos, haremos clic en el botón Publicar y nuestro vídeo ya estará disponible en YouTube.

 **¡OJO!**

Es posible que hasta pasados unos minutos no pueda verse a su máxima calidad posible.

## Otros factores influyentes en el SEO

— Número de reproducciones.

— Comentarios: Responder a los comentarios con asiduidad hará que se fomente el debate y generará más interacción que mejorará el posicionamiento.

— Frecuencia de subida de vídeos.

— Compartir el vídeo en otras redes sociales.

— Buena resolución y calidad del vídeo.

# Gestiona tu canal con
## *Creator Studio*

*Creator Studio* es el nombre que YouTube le da a su sistema de gestión del canal. En el momento de publicación de esta edición, YouTube está realizando un proceso de transformación de su *Creator Studio*, convirtiéndolo en *YouTube Studio*. Su funcionamiento es muy similar y sus opciones prácticamente las mismas.

En esta guía vamos a explicar el funcionamiento desde la perspectiva del *Creator Studio* ya que actualmente *YouTube Studio* se encuentra en fase beta y muchas de sus opciones no están disponibles, además, para la mayoría de usuarios, *Creator Studio* es la opción por defecto.

Para acceder a él, tendremos que pulsar en nuestra foto de perfil que encontraremos en la parte superior derecha de la pantalla y hacer clic en *Versión beta de YouTube Studio*.

51

*i* Para los usuarios que por defecto se encuentren con "YouTube Studio", podrán cambiar a "Creator Studio" pulsando en el botón "Versión Clásica de Creator studio" que encontrarán en la parte baja del menú de "YouTube Studio".

Una vez dentro, encontraremos en el lado derecho de la pantalla un menú con una serie de opciones que nos serán de gran utilidad a la hora de gestionar nuestro canal:

Analicémoslas todas una a una:

## Versión Beta de *YouTube Studio*

Símplemente nos servirá para gestionar nuestro canal desde el panel *YouTube Studio* antes mencionado.

## Panel de control

Es lo que encontraremos nada más entrar en *Creator Studio*. Nos da una información general de nuestro canal:

# Gestor de vídeos

En este apartado encontraremos tres elementos:

## Vídeos

Desde aquí podremos ver la lista de todos los vídeos que tenemos subidos para poder verlos (pulsando sobre su título) y editarlos (pulsando el botón *Editar*). El icono verde con el símbolo del dólar nos indica que ese vídeo está monetizado, y el icono de la bola del mundo nos indica que el vídeo es público.

## Listas de reproducción

Nos permite visualizar las listas de reproducción que hemos creado (tanto públicas como privadas). Recordamos que es bueno que nuestros vídeos se encuentren dentro de listas de reproducción ya que nos ayudará a posicionar. Desde aquí, al igual que con los vídeos, podremos ver y editar las listas.

## Notifiaciones de derechos

Lamentablemente en ciertas ocasiones nos encontraremos con problemas de derechos de autor en nuestros vídeos. Generalmente suele ocurrir cuando en los vídeos aparece música con derechos de autor (aunque solamente suene de fondo durante un breve periodo de tiempo). Desde este apartado podremos visualizar todas las reclamaciones que se han realizado respecto a nuestros vídeos y cuál es su estado actual. El sistema nos mostrará *Vídeo eliminado* cuando el autor del contenido con derechos prefiera esa opción o *Incluye contenido protegido por derechos de autor* cuando el autor de dicho contenido haya preferido otra solución (generalmente en estos casos, lo que se hace es que el autor del contenido obtiene ingresos cada vez que algún usuario ve nuestro vídeo:

## Notificaciones de derechos

Si hacemos clic en *Incluye contenido protegido por derechos de autor*, el sistema nos permitirá comprobar la acción que se está aplicando sobre el vídeo.

Junto a la canción que nos está generando el "problema", encontraremos dos opciones para solucionarlo:

Si queremos eliminar la canción, simplemente tendremos que pulsar sobre esa opción y, a continuación, seleccionar la canción y hacer clic en *Borrar*:

Otra opción que tenemos dentro del menú de borrado es la de sustituir el audio por otro diferente que no nos generara problemas, para ello, tendríamos que pulsar en la pestaña *Añadir o sustituir audio*, seleccionar la canción que más nos guste (intentando que su duración concuerde con la de nuestro vídeo) y hacer clic en *Añadir al vídeo*:

Al hacerlo, el sistema nos mostrará la canción junto a nuestro vídeo en la parte superior, de forma que podremos colocarla a nuestro antojo.

Cuando lo tengamos listo, solo tendremos que hacer clic en *Guardar cambios.*

La otra opción que tenemos en caso de tener problemas de copyright es *impugnar*, al seleccionar esta opción, YouTube nos preguntará cual es el motivo por el que estamos impugnando su decisión. Tendremos que utilizar esta opción con cabeza ya que, si impugnamos sin tener razón, podrá tener consecuencias en nuestro canal.

Creo que esta reclamación de copyright no es válida por el siguiente motivo:

○ Soy propietario del CD/DVD o he comprado la canción online.

○ No estoy vendiendo el vídeo ni obteniendo ingresos con él.

○ Reconozco la autoría del material en el vídeo.

○ El vídeo es mi contenido original y soy el propietario de todos los derechos sobre el mismo.

○ Dispongo de una licencia o permiso del propietario de los derechos para utilizar este material.

○ El uso que realizo del contenido cumple los requisitos legales de uso legítimo o de trato legítimo de acuerdo con las leyes de copyright aplicables.

◉ El contenido es de dominio público o no está protegido por derechos de autor.

[Continuar]

## Emisión en directo

### Emitir ahora

En este apartado podremos configurar nuestras emisiones en directo. Su funcionamiento es similar al de las subidas de vídeo (con algunos elementos extra), además, cuando haya finalizado nuestra emisión, el vídeo se subirá como un vídeo más de nuestro canal.

## Eventos

Desde aquí podremos ver las emisiones que ya hemos realizado.

## Sala de control en directo

Desde aquí podremos iniciar una emisión en directo utilizando nuestra webcam o una cámara conectada a nuestro equipo.

# Comunidad

En este apartado encontraremos los diferentes elementos de interacción con nuestro público. Es muy importante que siempre le mantengamos contento y estudiemos qué es lo que le gusta.

## Comentarios

Aquí podremos ver los comentarios que ha puesto nuestro público en nuestros diferentes vídeos, sin necesidad de tener que estar entrando en ellos uno a uno:

Tenemos que prestar atención y revisar periódicamente las pestañas *Pendientes de revisión* y *Posiblemente spam* ya que son dos pozos donde podemos perder muchos comentarios, y, como ya sabemos, los comentarios nos ayudan a posicionar.

La pestaña *Pendientes de revisión* nos mostrará aquellos comentarios que debemos aprobar porque, en cierto vídeo, tenemos marcada la opción que impide la publicación automática de los mismos.

La pestaña *Pendiente spam* nos mostrará aquellos comentarios que YouTube no ha publicado porque los ha considerado inapropiados. El filtro que sigue YouTube no es muy preciso y nos puede hacer perder comentarios muy valiosos.

Pulsando en ✓ aprobaremos el comentario y automáticamente aparecerá en el vídeo y pulsando en 🗑 eliminaremos el comentario.

## Suscriptores

Aquí veremos listados todos los suscriptores que tenemos, lo que nos permitirá agradecérselo suscribiéndonos también a su canal.

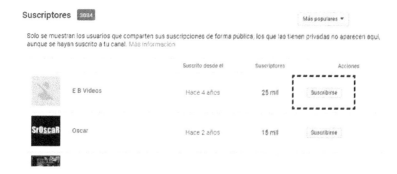

## Super Chat

Esta herramienta sirve para que los espectadores de nuestros vídeos en directo puedan destacar sus comentarios respecto a los demás. Para hacerlo, los espectadores comprarán *Super Chats* y nosotros recibiremos un porcentaje de los beneficios.

## Configuración de la comunidad

Desde aquí gestionaremos la forma de interactuar que tendrán los espectadores con nuestros vídeos.

Lo primero que encontramos es la sección *Filtros automatizados*.

**Filtros automatizados** — Filtra automáticamente todos los comentarios y mensajes nuevos. Más información

**Moderadores** — Estos usuarios pueden retirar comentarios, que aparecerán en la página Pendientes de revisión. Además, también pueden moderar los mensajes del chat de las emisiones en directo.
Copia la URL del canal del nuevo moderador

**Usuarios aprobados** — Para aprobar usuarios, utiliza el menú Marcar de la página Comentarios.
No hay usuarios aprobados.

**Usuarios ocultos** — No se mostrarán los comentarios y mensajes del chat en directo de estos usuarios. Para ocultar un usuario, utiliza el menú Marcar de la página Comentarios o el menú de 3 puntos que encontrarás en los mensajes del chat en directo.

**Palabras bloqueadas** — Los comentarios que tengan un alto nivel de coincidencia con estas palabras se retendrán para su revisión. Bloquearemos los chats en directo que coincidan con estas palabras.
P. ej.: Naranja, Manzana verde, Pomelos

**Bloquear enlaces** — Se someterán a revisión los nuevos comentarios que contengan hashtags y URLs. Se bloquearán los mensajes del chat en directo que incluyan URLs.
(Tú, los moderadores y los usuarios aprobados podréis seguir publicando enlaces).

— **Moderadores**: Podremos añadir usuarios que tendrán la opción de retirar comentarios *pendientes de revisión* y moderar mensajes del chat de nuestras emisiones en directo.

— **Usuarios aprobados**: Serán usuarios a los que siempre se le aprobarán los comentarios que publiquen, pongan lo que pongan. Para añadir usuarios a esta lista, lo haremos desde *Comunidad > Comentarios* y, en algún comentario del usuario que queramos agregar, pulsamos la bandera que encontramos a la derecha y haremos clic en *Aprobar siempre los comentarios de este usuario*.

—**Usuarios ocultos**: Los comentarios y mensajes de chat en directo que publiquen los comentarios que aparezcan en esta lista, no se visualizarán. Para añadir usuarios a esta lista, procederemos como a la hora de aprobar usuarios, pero marcando la opción *Ocultar los comentarios de este usuario en este canal.*

—**Palabras bloqueadas**: Los comentarios que incluyan las palabras que escribamos en este cuadro se marcarán para revisión y se bloquearán en los chats en directo:

— **Bloquear enlaces**: Los comentarios que incluyan enlaces o *hashtags* se marcarán como *Pendientes de revisión* y los chats de vídeos en directo se bloquearán.

Lo segundo que encontramos es *Configuración predeterminada.*

— **Comentarios de tus vídeos nuevos:** Aquí podremos elegir cómo tratará YouTube los nuevos comentarios que los espectadores publiquen en nuestros vídeos:

● Permitir todos los comentarios

○ Someter a revisión los comentarios que puedan ser inapropiados [ BETA ]

○ Someter todos los comentarios a revisión

○ Inhabilitar comentarios

Lo ideal es dejar marcada la opción *Permitir todos los comentarios* ya que, como ya hemos indicado, conseguir comentarios nos ayudará a posicionar mejor nuestro vídeo.

— **Comentarios en tu canal**: Nos permitirá seleccionar como trata YouTube los comentarios que los usuarios pongan directamente en nuestro canal. Estos comentarios aparecerán en la pestaña *Comentarios* de nuestro canal.

— **Créditos de tu canal:** Los canales con más de 5000 suscriptores permiten añadir en sus vídeos unos créditos que referencien a las diferentes personas que han colaborado en el trabajo, de forma que, al pulsar sobre el canal de cada uno de ellos, lo visualizaremos. Teniendo activada la opción *Permitir todos los créditos de creador*, cualquiera podrá incluirnos en sus créditos directamente, mientras que si marcamos la opción *Someter todos los créditos de creador a revisión*, tendremos que aceptar cada petición. Recomendamos dejar marcada la opción *Permitir todos los créditos de creador* ya que esto nos traerá audiencia.

67

— **Mensajes de tu chat en directo**: Desde aquí podremos elegir que los mensajes que puedan ser inapropiados en nuestros vídeos en directo, deban ser primero revisados.

👁 ¡OJO!
No olvidemos hacer clic en "Guardar" antes de salir cada vez que hayamos realizado cambios.

— **Créditos:** Desde aquí gestionaremos los créditos ya mencionados.

# Canal

## Estado y funciones

En esta página podremos ver el estado de nuestro canal en cuanto a infracciones de derechos de autor o avisos relacionados con las normas de la comunidad.

### Estado de derechos de autor

No tienes ningún aviso por infracción de los derechos de autor.

En caso de tener algún aviso deberemos comprobar si hemos utilizado algún medio con derechos de autor. **YouTube tiene herramientas de reconocimiento de audio y vídeo,** por lo que deberemos tener cuidado. Existe un límite de tres infracciones antes de que YouTube nos pueda cerrar el canal.

### Estado de las Normas de la Comunidad

No tienes ningún aviso relacionado con las Normas de la Comunidad.

El contenido sexual, peligroso, violento, etc. será considerado como infracciones de las normas de la comunidad.

Puedes ver todas las normas desglosadas en el siguiente link:

☑ **https://www.youtube.com/intl/es/yt/about/policies/#community-guidelines**

## Funciones

A continuación se muestra el estado de las diferentes funciones del canal. Éstas pueden estar en tres estados diferentes:

- **Activadas**: Son las representadas con una línea de color verde en la parte inferior del recuadro.
- **Aptas**: Tu canal cumple con los requisitos para disfrutar de la función pero no está activada.
- **No aptas**: No cumplimos los requisitos para activar la función.

Para hacer uso de ellas, existen ciertos requisitos que pasamos a detallar:

— **Monetización**
- Leer y aceptar las condiciones del programa para *partners* de YouTube.
- Registrarse en Adsense o vincular una ya disponible con tu canal.

- Configurar las preferencias de monetización como el tipo de anuncios que queramos que aparezcan en nuestros vídeos.
- Acumular 4.000 horas de visualización en los últimos doce meses y tener 1.000 suscriptores.

— **Emisión en directo**
- Tu canal debe de estar verificado y no haber recibido ninguna restricción de las emisiones en directo en los últimos 90 días. (avisos por incumplimiento de las normas de la comunidad, notificaciones de derechos de autor...)

— **Insertar emisiones en directo**
- Tener activada la emisión en directo.

— **Vídeos de mayor duración**
- Si puedes acceder a las emisiones en directo, las subidas de vídeos de larga duración estarán habilitadas de forma predeterminada.

— **Vídeos privados y ocultos.** No existe ningún requisito.

— **Miniaturas personalizadas**
- Normalmente ningun requisito. YouTube puede deshabilitarlas si se consideran inadecuadas para los espectadores. Se tienen en cuenta, entre otros factores, la retención de audiencia y los "me gusta" y "no me gusta".

— **Anotaciones externas**

- Tener verificada tu cuenta de YouTube en http://youtube.com/verify

— **Super Chat**

- Tener verificada tu cuenta. Tener habilitada la emisión en directo y monetización de canal. Tener más de 1000 suscriptores. Ser mayor de 18 años. Encontrarte en una de las ubicaciones disponibles.

— **URL Personalizada**

- Tener 100 suscriptores o más.
- Tener una antigüedad mínima de 30 días.
- Tener una foto que hayas subido como icono de canal.
- Tener una cabecera de canal.

— **Apelaciones de Content ID**

- Tener verificada tu cuenta.

— **Patrocinios**

- Tu canal debe tener más de 100.000 suscriptores.
- Tu canal debe formar parte del Programa para *Partners* de YouTube.
- Debes tener 18 años como mínimo.

# Monetización

En este apartado podremos comprobar el estado de nuestra cuenta en lo que a monetización se refiere.

En caso de que la hayamos activado en el apartado anterior *Estado y funciones* nos dará la posibilidad de iniciar los pasos correspondientes para solicitar la monetización.

Solicitar la monetización

**1** Lee y acepta las condiciones del Programa para Partners de YouTube
Es el acuerdo por el que puedes ganar dinero a través de los anuncios.

INICIAR

**2** Regístrate en AdSense
Crea una cuenta nueva de AdSense o vincula una ya disponible con tu canal (necesitas una para recibir los ingresos).

**3** Configura las preferencias de monetización
Si nos indicas qué tipos de anuncios quieres que publiquemos en tus vídeos, podrás empezar a obtener ingresos en cuanto se apruebe tu canal.

**4** Revisión del canal tras acumular 4.000 horas de visualización en los últimos 12 meses y llegar a los 1.000 suscriptores
En cuanto llegues a este umbral, se revisará tu canal automáticamente para comprobar que cumple las condiciones del Programa para Partners de YouTube y las normas de la comunidad. En aproximadamente un mes, te enviaremos un correo electrónico con nuestra decisión. Comprueba si tus vídeos se pueden ver: si no encontramos contenido público suficiente para alcanzar el umbral de 4.000 horas de visualización, no podremos revisar tu canal.

Una vez completes los tres primeros pasos, nos quedará el último y más importante, conseguir 4 000 horas de visualización en los últimos 12 meses y un mínimo de 1000 suscriptores. Cuando lo logres, automáticamente revisarán tu canal para comprobar que cumples con las condiciones del Programa para *Partners* de YouTube. Este proceso puede durar alrededor de un mes.

Esta es la pantalla que nos resume todos los requisitos que necesitamos ir abordando antes de monetizar el canal.

## Monetización

$ **Estado de la cuenta: en proceso de revisión**
Se ha iniciado el proceso de revisión. Te enviaremos un correo electrónico en cuanto se haya aprobado el canal

### Solicitar la monetización

 Has aceptado las condiciones del Programa para Partners de YouTube

 Has solicitado AdSense
Cuenta de AdSense asociada
Configuración de AdSense ☑

 Has configurado las preferencias de monetización
Todos los videos, tanto actuales como futuros, se monetizarán en cuanto se apruebe el canal.
Actualizar preferencias

 Canal en proceso de revisión
¡Buen trabajo! Has acumulado 4.000 horas de visualización en los últimos 12 meses y has llegado a 1.000 suscriptores. Estamos revisando tu canal para comprobar que cumple las condiciones del Programa para Partners de YouTube y las normas de la comunidad. En aproximadamente un mes, te enviaremos un correo electrónico con nuestra decisión.

Horas de visualización en los últimos 12 meses
**41.611** ✓
Tu canal debe llegar a 4.000 para que lo sometamos a revisión

Suscriptores
**3.181** ✓
Tu canal debe llegar a 1.000 para que lo sometamos a revisión

# *Branding*

> ⓘ Una marca de agua es un logo, sello o firma que super-
> ponemos a una imagen o vídeo con el fin de proteger los
> derechos de autor de las imágenes producidas.

Aquí podremos introducir nuestra marca de agua personal que se mostrará en todos nuestros vídeos automáticamente, pudiendo personalizar el momento del vídeo en
que se mostrará.

Marca de agua de branding

Se mostrará en todos los vídeos que subas.

## Opciones avanzadas

## Anuncios

**Inhabilitar anuncios basados en intereses.** Habilitando esta opción, como bien nos indican, no aparecerán anuncios basados en los intereses de tus espectadores en los vídeos de tu canal, por lo que recomiendo dejarla desactivada para no reducir los ingresos de tu canal.

## Enlace de cuentas de Adwords

*(i)* Adwords es una plataforma de Google en la que los anunciantes pagan a Google por cada clic que un usuario realiza en su anuncio.

Esta puede ser una atractiva manera de empezar a promocionar nuestros vídeos.

## Sitio web asociado

**◉ ¡OJO!**

Para tener acceso a esta opción debemos tener la cuenta verificada.

Esta opción nos permite enlazar vídeos con tu sitio web, primero debes añadir la dirección a tu cuenta Google.

Una vez añadido, aparecerá como pendiente.

En el cuadro de la URL, deberemos hacer clic en *Verificar* si eres el propietario de la web o bien en *Solicitar Aprobación* para que el propietario lo apruebe.

## Recomendaciones de canales

Aquí permitirás o no que tu canal aparezca en recomendaciones de otros canales. Lo normal es tenerlo activado, toda ayuda es poca para darnos a conocer.

## Número de suscriptores

Mostrar o no el número de personas suscritas a tu canal. Si no tenemos gran cantidad de suscriptores quizá nos interese mantener oculto este dato temporalmente hasta que crezcamos un poco.

**ID de seguimiento de propiedad de Google Analytics.** En este campo introduciremos un código que nos proporcionará Google Analytics para llevar un seguimiento de tu canal de YouTube. Este proceso lo explicaremos más adelante.

# Valores predeterminados

En este apartado podemos establecer los valores predeterminados que se aplicarán a las nuevas subidas que hagamos. Todas las opciones las explicamos en el capítulo *Sube tus vídeos posicionándote en lo más alto*.

En este apartado diferenciamos varios apartados que, aunque YouTube aporta una descripción para entenderlos, vamos a **explicarlos más detalladamente.**

Aquí podremos editar el nombre del canal, la imagen de perfil, el país y las palabras claves del canal; en estas últimas, trata de describir el contenido que subes mediante palabras.

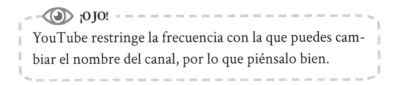

¡OJO!
YouTube restringe la frecuencia con la que puedes cambiar el nombre del canal, por lo que piénsalo bien.

Para verificar nuestra cuenta bastará con entrar en:

[↗] **https://www.youtube.com/verify**

Y seguir los pasos proporcionando un número de teléfono e introduciendo el código que nos facilitarán por SMS o llamada de voz automatizada.

## Analytics

Este elemento es de crucial importancia para la gestión de nuestro canal. Siempre necesitamos entender cómo funcionan nuestros vídeos y qué reacción tiene el público sobre ellos.

## Vista general

Lo primero que encontraremos es la *Vista general* que nos ofrece, de un rápido vistazo, la información más importante que necesitamos (visualizaciones, ingresos, etc.). Si lo necesitamos, podemos filtrar la información desde la parte superior, para poder ver los datos de un vídeo concreto, una ubicación geográfica determinada, etc.

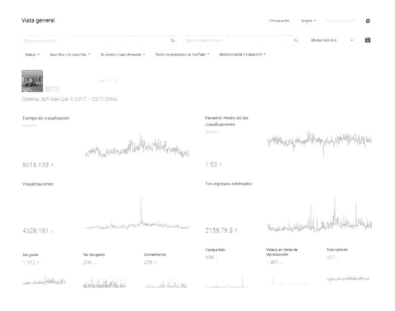

Pero sin duda, lo más importante de este apartado lo encontramos justo debajo de las gráficas informativas, hablamos de la sección *Los 10 vídeos más populares*. Gracias a esa información, veremos perfectamente qué es lo que más le gusta a nuestros espectadores, permitiéndonos adaptarnos a sus gustos de forma sencilla.

## En tiempo real

Con este apartado podremos ver cómo están reaccionando los espectadores a nuestros vídeos  en las últimas 48 horas y en los últimos 60 minutos. Esto, sobretodo, nos será de utilidad cuando hayamos subido vídeos nuevos o, cuando consideremos que está habiendo un cambio de tendencias de los espectadores respecto a nuestros vídeos.

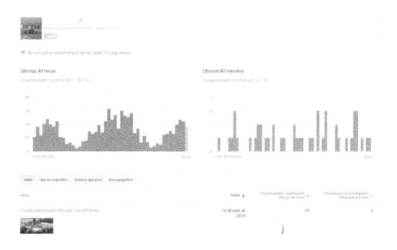

## Informes de ingresos (ingresos y tasas de anuncios)

Desde aquí podremos ver las estadísticas de ingresos de nuestros vídeos; su funcionamiento es muy intuitivo y no deberíamos dejar de mirarlo nunca, ya que, tener muchas visualizaciones no siempre nos implicará tener muchos ingresos.

Si todas estas posibilidades de analítica se te quedan cortas podemos ir un paso más allá y conectar nuestro canal con *Google Anayltics*, esta potente herramienta de Google nos abrirá un mundo de posibilidades de análisis de tráfico y datos mucho más eficaz.

# Conecta tu canal con *Google Analytics*

## 1. Accede a tu cuenta de *Google Analytics*

Como es obvio, debemos tener nuestra cuenta creada, de lo contrario debemos crear una.

## 2. Crea una nueva propiedad

Hacemos clic en *Administrar*, situado en la parte inferior de la barra izquierda. 🔧 Administrar

A continuación, pinchamos en el botón *Crear propiedad* y rellenaremos los siguientes datos.

En la parte superior elegiremos para este caso la opción *Sitio Web*.

En los demás campos, introduciremos los datos que nos solicitan.

— **Nombre del sitio web:** Simplemente es un nombre para identificar rápidamente si tenemos más sitios añadidos.

— **URL del sitio web:** Aquí introduciremos la URL de nuestro canal de YouTube.

(www.youtube.com/TuCanal)

— **Categoría del sector:** Elegiremos lo que más se adapte a nuestro contenido.

— **Zona horaria de los informes:** En la primera lista elegiremos el país donde te encuentres y en la segunda lista la zona horaria.

Una vez hecho esto, hacemos clic en *Obtener ID de seguimiento.*

En la siguiente pantalla podremos observar en la parte superior como se ha generado una ID de seguimiento. Tendrá el siguiente formato:

**ID de seguimiento**
**UA-1XXXXXX-X**

## 3. Introduce el código en la configuración de YouTube

Como vimos en la sección anterior, es ahora cuando copiaremos el código de la página de Google Analytics y lo introduciremos en el siguiente campo, situado *Creator Studio > Canal > Opciones avanzadas.*

ID de seguimiento de propiedad de Google Analytics

Guardar

Esto sería todo, ahora empieza la hora de la verdad, analizar todos los datos que pone a nuestra disposición *Analytics*, que no son pocos...

# Emitir en directo

## Preparación técnica

Preparar nuestra emisión es uno de los pasos más importantes en el proceso, pueden surgir muchos problemas con los que no contábamos en un principio y, si hacemos diferentes pruebas antes de la hora de la verdad, podremos estar preparados para solventarlos.

A continuación te dejo unos pequeños consejos técnicos a tener en cuenta para que todo funcione correctamente en la emisión en directo:

— **Comprueba que tu canal sea apto.** Resulta obvio, pero necesitas que tu canal cumpla los requisitos para poder emitir en directo. Ya lo explicamos en el capítulo anterior, pero te recuerdo que basta con no haber tenido sanciones por *copyright* en los útimos meses.

— **Comprueba tu conexión.** Necesitarás mucho ancho de subida, por lo que precisarás una buena conexión con una velocidad de subida de **al menos 10 MB para emitir a una calidad de 1080p.** Es recomendable usar un ordenador conectado por cable, aunque si disponemos de un buen receptor Wi-Fi no debería haber problemas. Intenta que no haya usuarios o programas haciendo uso de tu conexión mientras emites.

Si no estás seguro de tu velocidad, puedes realizar uno de los tantos test de velocidad que hay en la red.

> ¡OJO!
>
> Si estás utilizando tu smartphone, ten en cuenta que se consumirán unos 10 MB de datos por cada minuto de emisión.

— **Una buena cámara**. En el caso de que estemos utilizando un ordenador, podrás utilizar una webcam si quieres realizar una emisión sencilla o que no necesite mucha calidad, o bien una cámara profesional; de este modo necesitarás también una capturadora de vídeo.

— **Prueba y optimiza el audio**. Evita lugares con demasiado ruido y elige un micrófono que proporcione la mayor calidad posible.

## Promociona tu emisión

Las emisiones en directo son grandes oportunidades para interactuar con tus seguidores y lograr nuevos suscriptores para tu canal. Para ello, ten en cuenta los siguientes aspecto para dar más visibilidad a tu emisión.

— **Avisa a tus suscriptores de que harás una emisión en directo**. Bien por redes sociales, haciendo un minivídeo en tu canal, etc. Intenta darle un toque de misterio al tema que tratarás para generar un poco de expectación. Más adelante veremos como programar la emisión.

— **Prepárate el tema del que vas a tratar en el vídeo**. No des cabida a momentos de silencio, intenta encontrar un equilibrio entre preparación e improvisación.

— **Ten en cuenta el encuadre**. Y lo que se verá a tu alrededor. Observa los objetos que tienes cerca y que se verán en el plano haciendo algún ensayo antes. Para hacer esta prueba puedes hacer una pequeña emisión en directo saludando a tus suscriptores y así puedes solventar algún problema de audio o sonido que detectes.

## Llegó el momento: Iniciando la emisión

Para empezar nuestra emisión, nos dirigiremos a la barra superior, y haremos clic en el icono que se muestra a continuación y seleccionaremos *Emitir en directo*.

> ⓘ También podemos iniciar la emisión directamente visitando el siguiente enlace:
>
> https://www.youtube.com/webcam

Otorga los dos permisos que te pedirá YouTube. Para ello haz clic en *Permitir*. Si ya has hecho una emisión anteriormente, no hará falta volver a permitir los permisos, por lo que omite este paso.

A continuación encontraremos tres opciones en la parte superior: *Webcam*, *emisión* y *gestionar*.

## Webcam

En el siguiente cuadro será donde introduciremos la información respecto a la emisión en directo. Indicaremos el título, si la emisión va a ser pública o privada y un botón llamado *Mas opciones* que desplegará un campo donde podremos introducir la descripción y las opciones de vídeo y audio, donde elegir los dispositivos que vayamos a utilizar.

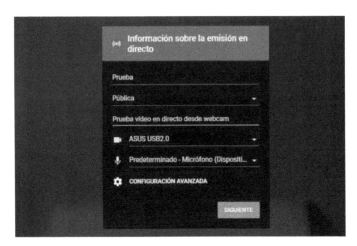

Dentro de opciones avanzadas encontraremos diferentes opciones, como activar el chat, la restricción de edad o indicar si la emisión que haremos contiene alguna comunicación promocional, patrocinio, etc.

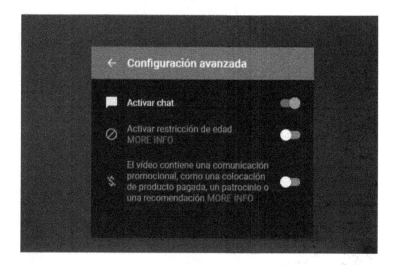

Finalmente, una vez configurado todo, haremos clic en *Siguiente* y se nos mostrará la interfaz para la emisión en directo de YouTube.

En el recuadro central veremos una vista previa de lo que está capturando nuestra webcam y en la parte derecha tendremos el chat en directo si es que hemos activado la opción.

## Emisión

El proceso para una emisión es similar al de webcam, introducimos un título, elegimos si la emisión será pública, oculta o privada, añadiremos una descripción y escogeremos una categoría que se adecue a nuestra emisión.

Por último, tenemos la opción de subir una miniatura y de programar la emisión eligiendo día y hora en la que comenzaremos la emisión.

---

**♀ CONSEJO**

En el caso de programar la emisión, comparte la URL, día y hora por redes sociales. Esto generará expectación.

---

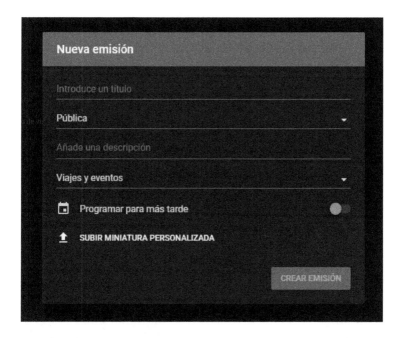

## Durante la emisión

— **Gestiona el chat en directo.** Si no puedes hacerlo tú, pide ayuda a algún amigo o conocido, es necesario moderar el chat, sobre todo en emisiones con gran volumen de usuarios. Eliminar los mensajes inapropiados y ocultar a los usuarios con mal comportamiento es unas de las principales tareas a tener en cuenta.

— **Utiliza la opción de bloqueo de palabras clave.** Haz una lista con palabras/frases/enlaces que quieras bloquear, puedes definir este contenido en *Creator Studio - Comunidad - Configuración de la comunidad*. Puedes también hacer que se sometan ciertos mensajes a revisión. Posteriormente podrás aceptarlos o denegarlos.

— Existe un *modo lento* que limita la frecuencia con la que los usuarios puedan enviar mensajes al chat.

## Ingresos con tus emisiones en vivo

Si cumples los requisitos y tienes el canal monetizado como hemos visto anteriormente, podrás obtener ingresos con tus emisiones en directo. Existen dos formas.

### Anuncios

Podrás hacer aparecer tres tipos de anuncio.

— **Anuncio de vídeo**. Aparecen antes de la emisión en directo.

— **Anuncio de vídeo *mid-roll***. Los podrás insertar manualmente mientras emites en directo.

— **Anuncio de imagen**. Aparecerán junto al vídeo o encima.

### Super Chat

Con Super Chat podrás interactuar con tus seguidores y a la vez obtener ingresos. Tus suscriptores podrán comprar *super chats* para destacar sus mensajes durante la emisión en directo. Dependiendo de la cuantía pagada, los mensajes se destacarán con un color o permanecerán fijos por un periodo de tiempo establecido.

**👁 ¡OJO!**

Los importes de menos de 5 dólares (o equivalente a la moneda local) no aparecerán en el visor.

Podrás moderar de igual manera que el chat en vivo para eliminar spam o palabras malsonantes.

ⓘ Los ingresos recibidos se acumularán en tu cuenta Adsense.

## Analíticas después del directo

1. Comprueba el número de espectadores simultáneos.
2. Aumento de suscriptores.
3. Espectadores que han visto la emisión desde el principio al final.
4. Datos demográficos: sexo, edad y ubicación de tus espectadores.

## Emitir en directo con *OBS Studio*

**OBS Studio** (*Open Broadcaster Software*) es un programa gratuito para ordenador que nos permite realizar una transmisión de forma muy fácil y con unos grandes resultados.

Permite además emitir otras fuentes conectadas y así hacer composiciones fácilmente. Su funcionamiento es bastante intuitivo.

A continuación te enumeramos los pasos a seguir para retransmitir a través de OBS Studio.

1. Nos dirigimos al apartado *Creator Studio.*

2. En el menú de la parte izquierda, buscamos *Emitir en directo.* Una vez ahí, nos fijamos en *Configuración del codificador.* Haremos clic en *Revelar* para poder ver la clave oculta que introduciremos en OBS.

3. A continuación, iremos al **OBS Studio**, pinchamos en *Archivo* > *Configuración* y en el apartado Emisión deberemos rellenar los datos que hemos copiado en la configuración del codificador.

- **Servicio**: YouTube/YouTube Gaming
- **Servidor**: Primary YouTube ingest server
- **Clave de retransmisión**: Aquí introducimos la clave de la que hemos hablado en el paso anterior.

4. Para terminar, aplicamos los cambios y hacemos clic en el botón *Iniciar Transmisión*.

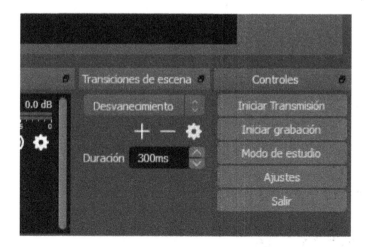

# Otras herramientas para transmisiones en directo

— **Nightbot** es un *bot* de chat para YouTube que te permite automatizar el chat de tu transmisión en vivo con moderación y variadas funciones lo que te permite no distraerte y preocuparte por lo que de verdad importa, tus seguidores.

— **GameWisp** ofrece herramientas de suscripción para que los YouTubers interactúen con su público y moneticen las vistas.

— **Streamlabs** te permite crear notificaciones emergentes durante la transmisión. Recibe donaciones mediante varias opciones de pago, administra tus objetivos de donaciones, agrega etiquetas a tus transmisiones y mucho más.

— **XSplit Gamecaster** es la forma más fácil de comenzar a transmitir o grabar tus juegos de PC o consola.

# ¿Cuánto se gana con YouTube?

Quizá sea la pregunta que más gente se hace junto a la de "¿Cuánto gana un *youtuber*?". Te diré que depende de muchos factores. Empezar a generar ingresos es algo que requiere mucha constancia y dedicación y no se consigue de la noche a la mañana, es un proceso lento en el que vas a necesitar conectar con tus seguidores subiendo contenido atractivo y de calidad.

Los ingresos que vayas a tener por vídeo dependen de factores como por ejemplo, cuanto haya pagado el anunciante para estar apareciendo delante o detrás de tu vídeo, cuántas más visitas tenga el vídeo, más tendrá que pagar por ello.

Por lo general, 1000 visitas equivalen a más o menos un euro, pero no es algo fijo. Como ves, no es fácil y se necesitan muchas visitas para empezar a generar unos ingresos más importantes.

Existen herramientas que hacen una estimación de los ingresos de un canal si tienes curiosidad en lo que puede estar ganando tu *youtuber* favorito. Te pongo un ejemplo, un canal con 2 millones de suscriptores y casi 12 millones de visualizaciones en el último mes, estaría ingresando al mes entre 32 000 y 500 000 €. La horquilla es tan amplia por el hecho que describía anteriormente, los ingresos dependen de muchos factores: la temática del vídeo, la ubicación, lo que está pagando el anunciante por aparecer, etc.

También debes tener en cuenta que YouTube no te paga hasta que llegues a un mínimo de alrededor de 90 €, mientras tanto tu saldo se irá acumulando en tu cuenta de *Google Adsense* como hemos visto en capítulos anteriores.

Como puedes ver, y como conclusión, es posible ganar dinero con YouTube, pero no es un camino fácil.

# Consejos para generar beneficios

Una vez resueltas las dudas sobre cúanto y cuándo podemos empezar a ganar dinero, vamos a enumerar los consejos más importantes para empezar a generar beneficios. Es difícil, pero no imposible.

## Constancia

Sé constante: Sube vídeos de forma periódica.

Así de fácil, si no generas contenido, no eres visible.

Si es posible, al menos, uno a la semana. El algoritmo de YouTube te beneficiará.

Ser constante y tener en cuenta a tu público es vital para el funcionamiento del canal. Ojea otros canales y mira cómo lo hacen, puede venir bien para inspirarte y tener nuevas ideas.

# Elige el momento

Elige el mejor momento para subir tus vídeos. Ten en cuenta los días y horas en los que tu público objetivo es más probable que espere tus vídeos.

Puedes revisar los datos de *Analytics* de tu canal y analizar a que día y hora reciben más visitas tus vídeos.

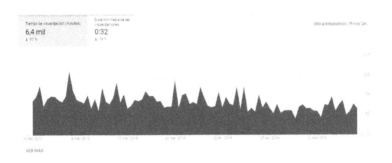

# Palabras clave

Utiliza las palabras clave, en Youtube siguen siendo importantes.

Puedes utilizar herramientas como el **Planificador de palabras clave de Google.** Con él podrás obtener ideas escribiendo una palabra clave que describa tu producto o servicio o bien consultar el volumen de búsquedas de una determinada palabra.

Consultando el volumen de búsqueda y previsiones, Google te dará unos breves datos como: previsión de clics, impresiones, coste, CTR, CPC medio y posición media.

Tu plan puede generar **930** clics por **390 €** y un CPC máx. de **1 €** ⑦

| Clics | Impresiones | Coste | CTR | CPC medio | Posic. media |
|---|---|---|---|---|---|
| 930 | 20 mil | 390 € | 4,6 % | 0,42 € | 1 |

Presupuesto diario: 16 €

# Miniaturas

Utiliza miniaturas personalizadas atractivas. Piensa la imagen que buscará tu público objetivo.

La miniatura es algo que ha ido cobrando mucha importancia desde un tiempo hasta ahora.

Puede parecer un aspecto poco crucial pero no es así en absoluto, la miniatura será lo primero que verá el usuario al hacer una búsqueda y, tenlo presente, un título claro junto a una miniatura trabajada que proporcione información de lo que estás buscando, logrará más clics que los vídeos que no se preocupan de ello.

Para trabajar la miniatura, ten en cuenta los siguientes aspectos:

— Colores vivos.
— El tamaño de letra que pongas dentro de la miniatura deberá ser grande, de lo contrario no se leerá.
— Mantén el formato 16:9.

Como puedes comprobar en el siguiente ejemplo, se trata de convencer al usuario de que con tu vídeo podrá ejecutar la acción que esté buscando en ese momento. Es un aspecto muy importante junto al título del vídeo, ya que los títulos pueden ser muy parecidos, pero la miniatura nos diferenciará de los demás.

### El Banco más bonito del mundo, G

· 581 visualizaciones · Hace 11 mes

Vistas desde 'El banco más bonito del mundo' s
vista abarca toda la ría ...

### Renfe Cercanias Civia 463 - Railwc

· 625 visualizaciones · Hace 11 mes

[Málaga - Bobadilla] A talleres, actividad creada
mandos de un Civia y ...

### La Ojerada en el CABO de AJO (Ca

· 419 visualizaciones · Hace 2 años

Situado en el Cabo de Ajo, cerca del faro. Local

---

**💡 CONSEJO**

Elabora tus propias miniaturas y no trates de hacer las mismas que los demás. La clave está en ser creativo y diferenciarse.

---

# Suscriptores y *likes*

Pide a tus visitantes que se suscriban a tu canal y le den a *Me gusta*, esto te beneficiará en el algoritmo de YouTube.

Anima a que tus seguidores den *Me gusta* a tu vídeo, cuantos más likes tengas, más destacará y mejorará en posicionamiento respecto a los demás.

Así mismo, puedes insertar llamadas a la acción en ciertas partes del vídeo, por ejemplo para ver otro vídeo relacionado o **suscribirse.**

---
💡 **CONSEJO**

Nunca está de más recordar a los usuarios que pulsando la campana situada a la derecha del botón de Suscribirse, recibirás una notificación cada vez que dicho canal suba un vídeo. SUSCRITO 1,3 M 🔔

---

## Sé tu mismo

Ser auténtico es una de las claves del éxito en YouTube. El hecho de comunicarse de manera cercana con tu público es algo que se valora mucho hoy en día.

No intentes imitar a nadie, queda muy lamentable intentar poner la voz o saludar como algún *youtuber* famoso.

Tampoco trates de parecer algo que no eres, deja que luzca tu personalidad. No importa si eres hablador, introvertido o tienes una voz aguda, lo importante es que seas tú mismo.

# Evita el *clickbait*

No engañes: No pongas miniaturas o títulos que no se correspondan con el contenido del vídeo.

También conocido como *ciberanzuelo* o *cibercebo*, es un término que se utiliza para describir contenidos que su principal intención es conseguir un clic a toda costa, bien poniendo títulos que inciten a la curiosidad o incluso describir otro producto, servicio, acción, etc. que no se corresponde o es completamente diferente a lo que es realmente el vídeo.

**👁 ¡OJO!**

Esta acción es una de la principales fuentes de "no me gusta" e incluso hay gente que cancela su suscripción del canal...

# No compres suscriptores

La casa no se empieza por el tejado....

 Mucha gente tiene la falsa creencia de que un canal es más o menos importante por del número de suscriptores, y que es un factor determinante de la calidad del canal. Es por eso, que muchos usuarios compran seguidores con la finalidad de considerarse más valioso o creyendo que así tendrá más éxito.

Algunos *youtubers* famosos consiguieron un éxito inicial engañando al algoritmo de youtube mediante suscriptores falsos. A día de hoy, cuando tú vas, YouTube ya ha vuelto varias veces y engañarle de esta forma, solo puede perjudicarte.

# Copyright

Un tema algo peliagudo

El uso de contenido o material ajeno del que no poseas los derechos de utilización, puede suponer, a parte de un problema legal, el cierre de tu canal de YouTube.

YouTube posee una herramienta llamada *Content ID*, que detecta contenidos subidos por usuarios que no tienen los derechos.

No utilices música con copyright. Parece algo muy obvio, pero es fundamental. Hacerlo solo te traerá disgustos. Puedes utilizar la plataforma de Google que ofrece una gran variedad de canciones libres derechos para incluirlas en tus vídeos. Personalmente, te recomiendo el siguiente canal donde se cuelga música de buena calidad sin copyright como su propio nombre indica:

↗ **https://www.youtube.com/NoCopyrightSounds**

En caso de infracción, YouTube puede reaccionar de **tres formas diferentes**: el propietario de los derechos acepta el uso del contenido pero él es quien recibe los beneficios de monetización, otra opción es que tu vídeo sea bloqueado y eliminado sin más y el último caso y más grave, es que recibas una infracción de copyright.

**¡OJO!**

Con tres avisos por incumplimiento de copyright en menos de noventa días, YouTube podrá cancelar tu canal.

Sube tutoriales, *unboxings*, análisis de productos, etc. Sea cual sea el contenido de tu canal, este tipo de vídeos encajarán bien y, estadísticamente, es el tipo de contenido que más triunfa.

# Ideas para crear contenido

## Unboxings

Es una tendencia que ha aumentado notablemente en los últimos años.

 **El primer *unboxing* se realizó en el año 2006**

Es la acción de desempaquetar, como su traducción al español indica y grabar todo el proceso en vídeo, dando a conocer detalles del producto, que la mayoría de las veces está relacionado con la tecnología. Es una idea que nos puede resultar muy fácil de realizar.

Te dejo unos consejos para que tengas en cuenta en tus *unboxing*.

— Lo primero a tener en cuenta es que tus vídeos de 'unboxings' tienen que tener una introducción, un saludo y/o una breve presentación de lo que se va a tratar.

La introducción tiene que ser llamativa y corta, incluyendo por ejemplo, música y colocando el nombre de tu canal.

— Crea expectativas antes de subir el vídeo, tus suscriptores cogerán el vídeo con más ganas. La novedad siempre gusta.

111

— Enfoca tus *unboxing* en algo que te desenvuelvas cómodamente y que a la gente le pueda resultar interesante. Por ejemplo, si te gusta el mundo del maquillaje, presenta productos como barras de labios, coloretes, sombras, etc. Si te gusta el mundo de la tecnología, céntrate en los productos novedosos: *iPads*, robots aspiradores, *smartphones*, etc.

— Presta especial atención a la hora de describir un *unboxing*. Di tu opinión, describe todo lo que puedas, que textura tiene, donde comprarlo, cuánto te ha costado, etc. Esto servirá para que tus seguidores tengan todo tipo de detalles sobre el producto.

— Es importante que respondas a los comentarios que te escriban tus suscriptores. Interactuar con ellos es muy valioso.

— Utiliza un buen encuadre y un espacio **bien iluminado**.

# Videojuegos

Si el *unboxing* parecía algo realmente fácil de hacer, ¿por qué no te grabas mientras juegas a tu videojuego favorito?

Seas un jugador profesional o no, a los *gamers* les gusta ver como juegan otras personas, bien solo para entretenerse, recordar viejos tiempos, para estar a la última de las novedades, aprender, etc.

Graba pensando en lo que te gustaría ver o qué te llamaría la atención, momentos interesantes, situaciones inesperadas, etc.

Ten en cuenta la amplia gama de videojuegos que hay en el mercado y sus diferentes plataformas: *Xbox, Playstation, Nintendo*, PC, etc.

Euro Truck Simulator 2 - Tuberías de acero por Italia

# Tutoriales

Idea más que sencilla también. Solo necesitas compartir tus conocimientos con los demás. Incluso prescindiendo de cosas materiales.

Desde enseñar a hacer manualidades hasta configurar una aplicación informática. El límite lo pones tú.

Algunas otras ideas pueden ser manualidades, primeros pasos en un videojuego, software informático, aprender a tocar un instrumento musical, usar una herramienta, desarrollar una cualidad, etc.

114

# Viajes, ocio y tiempo libre

Otra buena opción para crear contenido es hablar o comentar los viajes que realices

En ellos puedes decir los sitios que más te han gustado, los más turísticos, dónde te has alojado, en qué lugares comer, etc.

> 💡 **CONSEJO**
>
> Graba todos los planos recurso que puedas. Estas imágenes acompañadas de música siempre quedan muy bien.

También puedes grabarte practicando deporte. Para ello puedes utilizar una cámara de acción o *GoPro*, este tipo de cámara lo vimos en el primer capítulo del libro.

# Premios para creadores

YouTube reconoce el esfuerzo y dedicación de los creadores de contenido en su plataforma y por ello existen diferentes premios para ellos.

Los premios son botones *play* enmarcados, simulando el logo de la plataforma.

## Botón de plata

Se concede a los creadores que superan los cien mil suscriptores.

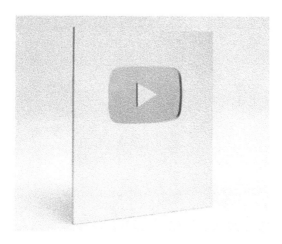

## Botón de oro

Se concede a los creadores que superan el millón de usuarios suscritos al canal. Tarea nada fácil de conseguir.

> ℹ️ La persona más joven en recibir el botón de oro es una niña española de tan solo 11 años.

## Botón de diamante

Si te parece imposible conseguir un millón de usuarios... ahí no queda la cosa, existe un paso más que está al alcance de pocos, son los diez millones de suscriptores. Los afortunados recibirán un bonito botón de diamante.

Y con este capítulo tan motivador o desmotivador a la vez, solo queda ponerte en marcha. Con esta pequeña guía no te aseguramos que llegues a ser un *youtuber* de éxito, pero si no lo intentas nunca lo sabrás. Así que solo podemos desearte suerte en este largo y difícil camino.

# Patrocinio

 Este libro está patrocinado por **Weberalia Marketing Online**, empresa especializada en desarrollo web y marketing online.

En Weberalia queremos diseñar la página web o tienda online que mejor se adapte a tu negocio, por eso, diseñamos una maqueta de tu web, de forma gratuita y sin ningún compromiso para que puedas ver nuestros resultados antes de contratar.

Todos nuestros packs incluyen todo lo necesario para el funcionamiento de tu página web o tienda online (hosting, dominio, soporte...) para que no tengas ningún gasto extra ni tengas que preocuparte de nada, siempre en servidores con discos SSD y Magic caché para obtener la más alta velocidad y con copias de seguridad diarias.

🌐 Web: **www.weberalia.com**
✉ E-mail: **info@weberalia.com**
☎ Tfno.: **902 095 098**

**Editatum** y **GuíaBurros** te acercan a tus autores favoritos  para ofrecerte el servicio de formación GuíaBurros.

Charlas, conferencias y cursos muy prácticos para  eventos y formaciones de tu organización.

Autores de referencia, con buena capacidad de comunicación, sentido del humor y destreza para  sorprender al auditorio con prácticos análisis, consejos y enfoques que saben imprimir en cada una de sus ponencias.

**Conferencias, charlas y cursos que representan un entretenido proceso de aprendizaje vinculado a las más variadas temáticas** y disciplinas, destinadas a satisfacer cualquier inquietud por aprender.

Consulta nuestra amplia propuesta en **www.editatumconferencias.com** y organiza eventos de interés para tus asistentes con los mejores profesionales de cada materia.

# EDITATUM

*Libros para crecer*

*www.editatum.com*

# Nuestras colecciones

Guías para todos aquellos que deseen ampliar sus conocimientos sobre asuntos específicos, grandes personajes, épocas, culturas, religiones, etc., ofreciendo al lector una amplia y rica visión de cada una de las temáticas, accesibles a todos los lectores.

Guías para gestionar con éxito un negocio, vender un producto, servicio o causa o emprender. Pautas para dirigir un equipo de trabajo, crear una campaña de marketing o ejercer un estilo adecuado de liderazgo, etc.

Guías para optimizar la tecnología, aprender a escribir un blog de calidad, sacarle el máximo partido a tu móvil. Orientaciones para un buen posicionamiento SEO, para cautivar desde Facebook, Twitter, Instagram, etc.

Guías para crecer. Cómo crear un blog de calidad, conseguir un ascenso o desarrollar tus habilidades de comunicación. Herramientas para mantenerte motivado, enseñarte a decir NO o descubrirte las claves del éxito, etc.

Guías prácticas dirigidas a la salud y el bienestar. Cómo gestionar mejor tu tiempo, aprenderás a desconectar o adelgazar comiendo en la oficina. Estrategias para mantenerte joven, ofrecer tu mejor imagen y preservar tu salud física y mental, etc.

Guías prácticas para la vida doméstica. Consejos para evitar el cyberbulling, crear un huerto urbano o gestionar tus emociones. Orientaciones para decorar reciclando, cocinar para eventos o mantener entretenido a tu hijo, etc.

Guías prácticas dirigidas a todas aquellas actividades que no son trabajo ni tareas domésticas esenciales. Juegos, viajes, en definitiva, hobbies que nos hacen disfrutar de nuestro tiempo libre.

Guías para aprender o perfeccionar nuestra técnica en deportes o actividades físicas escritas por los mejores profesionales de la forma más instructiva y sencilla posible.

# LinkedIn

⊘ Introducción

⊘ ¿Por qué necesito LinkedIn?

⊘ Cómo hacer un perfil que transmita tu valía como profesional

⊘ Aprende a iniciar conversaciones

⊘ Conviértete en un referente

⊘ ¿Lo estoy haciendo bien? Mide tu actividad en

⊘ LinkedIn

⊘ Conclusión

**GuíaBurros LinkedIn** es una guía con todo lo que debes saber para sacarle partido a esta red social profesional.

+INFO

http://www.linkedin.guiaburros.es

# Reglamento General de Protección de Datos

- Introducción
- ¿Qué es un dato de carácter personal?
- La Agencia Española de Protección de Datos
- Figura del responsable del fichero y encargado del tratamiento
- Niveles de seguridad y protección a implementar. Clases de ficheros
- Documento de seguridad
- Contrato de acceso a los datos por cuenta de terceros y comunicación de datos.
- Derechos de información, acceso, rectificación, cancelación, oposición (ARCO) y derecho al olvido. Quiénes pueden ejercitarlos y cómo
- Infracciones y sanciones. Derecho a indemnización y responsabilidad
- Modificaciones a implementar a partir de mayo de 2018
- Conclusiones
- Bibliografía

**Empresa y Negocio**

# guíaburros

# Reglamento General de Protección de Datos (RGPD)

Todo lo que debes saber sobre la LOPD y la adaptación al nuevo reglamento RGPD

## Lola Granados, Carolina Sánchez

*GuíaBurros Reglamento General de Protección de Datos* es una guía básica con todo lo que debes saber sobre la LOPD y la adaptación al nuevo reglamento RGPD.

+INFO

http://www.rgpd.guiaburros.es

**Crear una tienda online en WordPress**

⊙ Introducción

⊙ Instalación

⊙ Repaso al funcionamiento de WordPress

⊙ Ajustes de la tienda

⊙ Gestión de productos

⊙ Plugins

⊙ SEO

⊙ Consejos

**GuíaBurros Crear una tienda online en WordPress** es una guía con todo lo que debes saber para crear una buena tienda online en WordPress y WooCommerce

+INFO

http://www.creartiendawordpress.guiaburros.es

# Ciberseguridad

- Qué es la ciberseguridad
- Hacker y ciberdelincuente: no son lo mismo.
- El cibercrimen en la actualidad
- ¿Para qué quieren mis datos?
- Tipos de ciberamenazas más comunes y cómo detectarlas
- Las redes sociales
- El acoso en internet
- Internet y los menores
- Me han ciberatacado, ¿ahora qué hago?
- Lo que está por venir
- Esto no es el fin, es el principio.

**GuíaBurros Ciberseguridad** es una guía básica con todo lo que debes saber para tener vidas digitales más seguras.

+INFO

http://www.ciberseguridad.guiaburros.es

- ¿Qué es WordPress?
- Instalación
- Apariencia
- Entradas y páginas
- Comentarios
- Plugins
- Usuarios
- Herramientas
- Ajustes
- Actualizaciones
- SEO
- WooCommerce
- Consejos
- Enlaces interés WordPress

**Tecnología**

# guíaburros

# Crear una Web en WordPress

### Todo lo que debes saber para crear tu propia Web en WordPress

## Daniel Regidor

*GuíaBurros WordPress* es una guía básica con todo lo que debes saber para crear una web en WordPress.

+INFO

http://www.crearwebwordpress.guiaburros.es

# Excel

⊙ Un poco de historia y mi propia historia con Excel

⊙ Excel: algo más que una hoja de cálculo

⊙ Básicos de Excel

⊙ Potencia tu productividad con Excel

⊙ Lo que las tablas dinámicas pueden hacer por ti

⊙ Pon un gráfico en tu vida

⊙ Cruzar tablas en Excel

⊙ Un gran desconocido: el formato condicional

⊙ Principales funciones

⊙ ¿Te atreves a crear listas de validación dependientes?

GuíaBurros Excel es una guía con todo lo que debes saber sobre esta potente hoja de cálculo.

+INFO

http://www.excel.guiaburros.es

# Nuestra colección

| 1 | Autónomos | Borja Pascual |
|---|---|---|
| 2 | Marca Personal | María José Bosch |
| 3 | Crear una web en WordPress | Daniel Regidor |
| 4 | La salud emocional en tu empresa | Sebastián Vázquez |
| 5 | Liderazgo | Javier Galué |
| 6 | Certificados de calidad | Virginia Caraballo, Sergio Cardona, Laura Buil |
| 7 | Música clásica | Édgar Martín |
| 8 | Islam | Andrés Guijarro |
| 9 | Venta a puerta fría | Tomás Santoro |
| 10 | Seguros | David Gallego |
| 11 | Hablar y escribir con corrección | Delfín Carbonell |
| 12 | Neurocoaching | Marité Rodríguez |
| 13 | Tus derechos como ciudadano | Marta Simó |
| 14 | El póker de cerca | Yossi Obadía |
| 15 | Coaching | Beatriz de la Iglesia |
| 16 | Reglamento General de Protección de Datos (RGPD) | Lola Granados Carolina Sánchez |
| 17 | Bolsa | David Osman |

| | | |
|---|---|---|
| 18 | Ciberseguridad | Mónica Valle |
| 19 | Redes locales | David Murciego |
| 20 | Yoga con calor | Macarena Cutillas |
| 21 | Nutrición | Ángela Tello |
| 22 | Inteligencia financiera | Jesús Checa |
| 23 | Rutas por lugares míticos y sagrados de España | Sebastián Vázquez - Esther de Aragón |
| 24 | El arte de la prudencia | Borja Pascual |
| 25 | Comunicar con éxito | María José Bosch |
| 26 | Informe económico financiero | Josu Imanol Delgado y Ugarte - Javier García Bononato |
| 27 | Crear una tienda online en WordPress | Daniel Regidor |
| 28 | Primeros auxilios | Javier Cano |
| 29 | Inteligencia sexual | Verónica Bocos |
| 30 | Aprender inglés | Delfín Carbonell |
| 31 | Budismo | Sebastián Vázquez |
| 32 | Secretos del vendedor | María Dolores Rodriguez |
| 33 | Tarot | Brighid de Fez |
| 34 | Economía de acceso | Paco Bree |
| 35 | Masonería | Pablo Bahillo, Juan Antonio Sheppard, Victor Berástegui |
| 36 | Comunidades de vecinos | Ana Martínez |
| 37 | El controller de empresa | Josu Imanol Delgado y Ugarte - Manuel Giganto |
| 38 | Como afrontar una pérdida | Fernando Recondo |
| 39 | Las mejores citas | Delfín Carbonell |
| 40 | Poder y pobreza | Josu Imanol Delgado y Ugarte - José A. Puglisi |

| 41 | El vendedor total | Carles Seguí |
|----|-------------------|-------------|
| 42 | Mindfulness | Lola López |
| 43 | Turismo de aventuras | José María Jayme |
| 44 | El primer año de mi bebé | Nicole Anidjar |
| 45 | Cómo perjudicarse a uno mismo | Sebastián Vázquez |
| 46 | Criptomonedas | Josu Imanol Delgado y Ugarte - Fco. José Saavedra |
| 47 | La vuelta a España en 80 platos | Juan Ramón Osta |
| 48 | El arte de permanecer joven | María José Bosch |
| 49 | Haz crecer tu dinero | Aurora Fernández |
| 50 | Marketing turístico | David de Matías |
| 51 | Comprar un coche eléctrico | Esther de Aragón |
| 52 | Estados contables | Josu Imanol Delgado y Ugarte - Enrique Sacalxot |
| 53 | La orquesta y sus instrumentos | Edgar Martín |
| 54 | Excel | Manuel Antúnez |
| 55 | LinkedIn | David Díaz |
| 56 | Grafología | Macarena Arnás |
| 57 | Para entender a los adolescentes | Irene Sáez Larrán |
| 58 | YouTube | David Tavío, Daniel Regidor |
| 59 | La mente económica | Josu Imanol Delgado y Ugarte |
| 60 | Alimentación y Alzheimer | Juan Ángel Carrillo |
| 61 | Aprender inglés II | Delfín Carbonell |
| 62 | Lo que revelan tus sueños | Victoria Braojos |
| 63 | Para comprar un piso | Sonia Fernández |
| 64 | Episodios que cambiaron la historia de España | Eduardo Montagut |
| 65 | Como pagar menos impuestos | Roberto Rodríguez |

| 66 | Protestantismo | Rubén Baidez Legidos |
|----|----------------|----------------------|
| 67 | El liderazgo en la dirección de empresas | Josu Imanol Delgado y Ugarte - David Rodríguez Calderón |
| 68 | Las ocho disciplinas del dragón | Borja Pascual |
| 69 | Análisis clínicos | Amelia García |